금지구역 침입자

시와함께(Along with Poetry) 004

정일남 시집

금지구역 침입자

넓은마루

| 시인의 말 |

가난의 힘은 질기다.

목숨도 질겨 여기까지 왔다.

객지를 떠돌며 시로 위로받고 살았다.

흙벽에 등 대고 살았던 고향은 멀다.

시는 내가 살아있다는 보증서다.

12번째 시집을 낸다.

2020년 봄

정 일 남

| 목차 |

시인의 말 · 5

제1부

이오리梨梧里 · 13
자화상 · 14
우는 소리 · 15
무릎이 하는 말 · 16
우화 · 17
하늘 아래 · 18
현이 없는 거문고 · 19
비포장길 · 20
5월의 기억 · 21
금지구역 침입자 · 22
봄의 아이들 · 23
이른 봄 · 24
장님의 봄 · 25
해빙 · 26
호미 · 27
7월의 노래 · 28

제2부

능소화 · 31
여름밤 · 32
피서지 · 33
가을날 · 34
가을 한때 · 35
그 시월 · 36
나무들의 만남 · 37
붉은 고추 · 38
억새들 · 39
이슬과 여치 · 40
입추 · 41
잠자리의 하루 · 42
조망바위 · 43
추일 · 44
한 잎의 생각 · 45
눈 · 46

제3부

강 건너쪽 • 49
나 없으면 • 50
꿀벌들 • 51
검은 넥타이 • 52
고독을 숙성시키다 • 53
곰의 식사 • 54
교감 • 55
편지 • 56
풍금 • 57
혼돈기 • 58
흙냄새를 찾아서 • 59
지휘자 • 60
종생 • 61
일상 • 62
어떤 인연 • 63
우는 은행나무 • 64

제4부

예감 • 67
어느 무명 시인의 블로그 • 68
실꾸리 • 69
시인이 살던 집 • 70
바람의 윤곽 • 71
바람 속에서 • 72
바닥 • 73
물에 띄운 서간 • 74
무서운 꿈 • 75
마지막 모험 • 76
뜰에 찾아온 방문객 • 77
눈이 있는 것 • 78
너를 만나려고 • 79
낙형 • 80
귀 • 81
국경을 건너 • 82

제5부

구름 좋은 날 · 85
딱정벌레 · 86
도강 · 87
당뇨 · 88
달의 여울 · 89
시인의 무대 · 90
선물 · 91
서랍 속의 자식들 · 92
생애 · 93
생각의 부스러기 · 94
살결 · 95
살 때와 죽을 때 · 96
빈손 · 97
빈 자루 · 98
부자 · 99
벌판에서 · 100

볼드 · 101

작품해설
구도자의 삶, 피안의 시어들(김선주) · 109

제1부

이오리 梨梧里

구하고자 하는 것은 강 건너에 있다
세월은 봉분이 되려고 삭아간다
바위는 메아리를 품고 살았다
돌아오지 못하고 가버린 완행열차
물이 주절대며 낮은 세계로 흘러간다
나비 앞세우고 바람은 비포장길을 찾아가는데
이내以內를 헤치고 날짐승 떼 날아간다
부조리가 번식한 객지 무얼 얻으려고 살았나
내 가는 곳은 배동꽃 피는 마을
가난은 있어도 불행을 모르는 곳
사철 나를 기다리는 이오리여
남은 날을 네게 안겨 살겠다

자화상

아버지는 염장이였다
망자를 찾아가 귓속말을 하고
망자의 몸을 씻어주고 다듬는 미용사
신분의 높낮이에 개의치 않았고
숙달된 솜씨는 능수능란했다
아버지의 작품은 미완성이란 없었다

나는 시에 목숨을 걸었으나
산 자의 마음을 얻지 못했고
경세의 인물과도 촌수가 멀었다
수면에 배를 대는 물잠자리를 보느라
윗자리 쳐다보지 못했고
골계滑稽를 던지며 빈정거리지도 못했다

우는 소리

   부산에서 제주로 가는 카페리호 선상에서 바다에 몸을
던지며
   여보게 친구들 남은 인생 잘 살아보시게 나 먼저 가네
   그렇게 떠난 시인이 있었다

   달은 여울을 건너며 울고
   날짐승 떼도 행렬을 이뤄 건너가는데
   독성의 미세 물질로 숨이 가빠지니
   그대가 간 무진으로 가고 싶어
   떫은 생을 탕진한 시간
   이승은 징역 사는 것과 같다

   밤의 달빛 창가 탄금 소리 흐느끼니
   장방형 관棺에 영혼은 없고
   길에 가랑잎 구르는데
   풀숲 여치 우는 소리 껴안는다

무릎이 하는 말

내 몸을 내가 만져본다
이게 나를 구성한 물질이란 말인가
여기저기 아팠던 자리 흉터가 만져진다
외과 의사의 절개가 거쳐 간 자리
노예로 부려먹은 몸은 성한 데가 없다
보잘것 없는 나를 위해 불평 없이 따라준 것에
위로의 노래 한 곡 불러주지 못했다
책망하지 않는 너를 볼 낯이 없다
'괜찮아요, 주인님
무릎이 부스러지더라도
주인님이 가는 데까지 따라가겠어요'
그 말에 용기를 얻어 땅 짚고 일어나
너를 끌어안고 나를 발견한다

우화寓話

창조주는 장끼에게 눈부신 황등색黃橙色을 안겨주었다
저런 영광스러운 놈이 있나
장끼를 돋보이게 한 속셈을 알 수 없다

양지 비탈은 볕이 자글자글 끓는다
까투리가 앞장서 가다가 콩알 하나에 눈이 갔다
뒤에 따라가던 장끼
'여보, 그 콩 먹지 마오'
장끼가 극구 말렸는데 까투리가 한마디했다
'당신은 앞가림도 못하며 희멀겋게만 생겨서
내게 해준 게 뭐 있어요'

장끼의 목이 푹 숙여졌다
반지하 셋방에서 빚만 지고 사는 날에

하늘 아래

풀벌레와 작별하지만 철새가 온다니 두근거리게 된다
바람은 귓전에서 놀다가 들판으로 몰려간다
나무에 달려 있던 과일이 발끝에 굴러 오는데
어떤 암시가 있지 않을까

피리 불며 장님이 다가온다
나도 한쪽 허파가 망가진 상태
'아이야, 아버지가 멀리 가서 돌아오지 않는다니
내가 대신해줄까'
'우리 부족함을 메우고 같이 살자'
보는 데 지친 꽃은 눈을 감는다
비탈에 무덤 하나
봉분은 완성이니 꽃으로 가꾼다

현絃이 없는 거문고

거문고를 켤 줄 모르면 기녀가 아니었다
시를 지을 줄 모르면 기녀가 아니고
절개를 지킬 줄 모르면 기녀가 아니었다
황진이가 죽자 그가 애장하던 거문고는
세월이 할퀴고 바람에 시달려
현이 떨어져 길가에 버려져 있었다
탄금 소리가 문객을 사로잡았으나
지난날 명성은 간 곳이 없었다
달밤에 어디서 피리 소리 들리면
버려진 거문고가 살아나
스스로 우는 것이었다

비포장길

자갈 깔린 신작로 먼 길이 눈 감으면 나타난다
덜커덩거리던 길이 궁둥이가 아팠으나
추억은 꽃핀다
먼지 날리며 달리던 시골 만원 버스
문에 겨우 발 하나 딛고 서서
손으로 문을 탁탁 치며
오라이!
시골처녀 출발 신호에
시동 걸리던 엔진 소리 귀에 들리는 듯하다
그 처녀들 지금 어느 하늘 아래서 늙고 있을지
아니면 요양원에 갇힌 원숭이 되었을지
정말 좋았던 시절은 완벽한 세상이 아니라
자갈길이 험해도 꽃피던 길
비포장길이 좋았던 게 아니라
미완성이 좋았던 거다

5월의 기억

울타리에 줄장미가 한창이오
줄줄이 꽃등이 불을 밝혀
밤은 외등이 없어도 어둡지 않았소

낡아가는 여자에게 말은 않고
장미로 꽃다발을 만들어
생일날 목에 걸어주었소
그도 말은 않고 장미 향기에 취해
지갑이 비어있어도 불만이 없었소
이게 우리가 살아온 장밋빛이고
그게 마지막이었소

장미는 사랑받으려고 왔고
장미는 릴케의 이름으로 사랑받는 게 아니라
빈처貧妻의 이름으로 사랑받다 목이 부러졌소

금지구역 침입자

민들레는 대담한 녀석이다
들판의 좋은 자리를 마다하고
위험 지구에 뛰어들다니
저 녀석 겁도 없는 녀석을 보게
얼마 전 길고양이가 참변을 당한 철로 안에
거기가 어디라고 들어갔나
경적을 울리며 기차가 달려와도 느긋한 녀석
저런 담력이 민들레에게 있었다
철로 안에서 민들레는 꽃을 피웠다
녀석은 철로 안에서 꽃씨를 맺는 데도 성공했다
생은 종種을 위한 본능을 끌어안는다
바람 부는 날 낙하산을 타고
하늘로 날아가는 자식들을 어미는
대견하다는 듯이 바라본다

봄의 아이들

어머니 멀리 간 아이야
꽃다지를 보아라
봄이 멀리서 오는 게 아니다
너희들 몸속에서 오는 거다
나비 마음으로 살면 나비가 되고
꽃의 마음으로 살면 꽃이 되는 거다

청보리밭의 주인이 종달새란 걸 알겠지
구름 위에서 종달새가 노래하는 게
청보리는 좋아서 바람에 춤춘다
구름은 웃기만 하다 지나가고
영식이 명자 죽순이 모두 꽃이 된다
바람은 너희들 겨드랑이에 날개를 달아준다
마음껏 상상과 부딪쳐보라고

이른 봄

고궁에는 비둘기의 발목 씻어 내리는 봄비가 촉촉하다
무언가 움 트는 소리 들은 것 같은데
어떤 민들레꽃은 벌써 봄과 이별이다
구름 위에 구름 흐르고
구름 아래 구름 흐르니
형님 구름 먼저 아우 구름 먼저
서로 양보한다
봄날이 짧아 새는 울어대고
봄비에 초록 움 트는 소리
땅을 헤치고 나온다

장님의 봄

더듬는 지팡이 끝에 알 수 없는 것이 감지된다
물컹하게 잡히는 게 무엇인지
온갖 것이 떠오르다 주저앉는다
꽃의 색깔은 모르겠으나
코에 닿는 향기가 꽃의 마음일 것이다
나비는 꿀을 빨다 입술이 헐었는지 말이 없다
피리를 불면 팔에 안기던 새들이 있었다
꽃은 금방 떨어져도
마음에 지닌 꽃은 사철 그대로다
무심한 봄은 누가 데려가나
볼 수 없는 것을 몸으로 느끼니
종달새 소리가 머리 위에 있다

해빙 解氷

봄이 오기 전에 시샘하는 추위가 왔다
나비가 오다 되돌아가면 어쩌나
불안한 표정들이 수런거렸으나
누구도 꽃이 오는 길목을 막을 자 없었다
다년생 풀들이 죽은 척 엎드려 있다
모두 꽃이 되려고 하는데
나는 수양이 부족해 꽃이란 말 꺼내지도 못했다
보이는 것과 들리는 것이 서로 통한다
내 마음 밑바닥에 물결이 인다
실의에 빠진 약자들에게 힘을 실어주려고
얼음이 녹고 도랑물이 춤춘다
처녀들 꽃댕기 매고 들로 나간다

호미

뻐꾹새 소리는 밭고랑을 따라오다가 호미에 찍혔다
감자꽃 필 무렵 북을 돋아주었는데
어머니는 뻐꾹새 소리를 흙에 묻었다
저 소리 듣기 싫다며 호미로 찍어 죽였다
살아온 나날도 호미로 덮어버렸다
감자는 북을 돋아주면 줄줄이 매달렸다
감자는 쌍꺼풀의 눈이 여럿이었다
흙의 숭배로 살아가는 것
호미로 흙을 덮어주는 일
흙을 사랑한 당신은 소원대로
오래전에 흙이 되었다

7월의 노래

칠월이면 무궁화꽃이 핀다
두 손으로 받들어야 하는 훈장이다
아침이면 나팔을 불며 내 앞을 달린다
릴레이 선수의 바톤을 받아 달리는 계주인데
오늘 아침의 나팔수가 저녁에 쓰러지면
내일은 다른 나팔수가 바톤을 받아 달린다
태풍이 북상하는 기상예보에도
이어달리기의 먼 길이다
떨어진 무궁화는 추한 모습을 보이지 않으려고
우산 접어 말듯 한껏 오므렸다

제2부

능소화

개는 혀를 내밀고 헉헉거린다
능소화는 담장을 오른다
어떤 인기척을 들으려고 목을 늘린다
연못에 연꽃은 피었는데
담장을 올라 대궐 안을 들여다보면
연못에 청개구리가 운다
아침에 꽃 속으로 들어간 꿀벌이
꿀을 먹고 혼절했는지
저녁이 되어도 나오지 않는다
능소화란 여자
사랑에 열병이 났을 때
한낮은 뜨겁다

여름밤

더위에 부패하지 않으려고 곰팡이를 피해 다녔다
은하수에 배 띄우려고 아이들과 종이를 접었다
동심은 철들기를 거부하고

열풍이 불어온다
어디서 양파가 짓물러 가는지
쓰던 시도 상해 가는 밤이다
푹푹 찌는 밤에 곰팡이만 번식한다
날것들이 다 썩어 가는데
폭주족 오토바이 소리 가까웠다 멀어진다
사창가에서 한물간 기타 소리
소녀 입에서 담배연기가 뿜어 나온다
불면의 고양이는 밤을 긁어댈 뿐

피서지

비포장 자갈길을 돌아나가니 확 트인 바다
뭐라 한마디 해야겠는데
표현력을 상실해버렸다
변산반도는 묻는 말을 파도 소리가 답한다
피서 온 사람들은 많아도 나는 고적감에 빠져버렸다
일몰의 바다는 자연이 이룬 걸작
살아있는 존재는 함부로 죽을 수 없다
바다가 스스로 하는 말은
변산반도에서 본 것은 가져가지 말고 책임져라
올 때는 마음대로 와도 갈 때는 책임져라
간직하고 책임지지 못한다면
아예 오지 말기를

가을날

비단 구름이 떠가네
비단 한 필이면 부자였던 때가 있었지
구절초는 독한 맘먹고 견디려는 생각 여전하네
풀벌레의 비탄은 길에 깔리고
나뭇가지에 바람의 모가지는 매달려 운다네
완성된 열매 앞에 경건해지고
여름 꽃은 국화 옆에 와서 다 죽는다네
금환金環은 꽃대에 걸리고
바위도 금빛으로 물드네

풀씨는 바람의 등에 업혀 멀리 가게 놓아주자
일몰은 땅거미가 기어올 시간
수다를 떨 참새 떼가 정신없이 날아드네

가을 한때

들은 금색으로 여물어간다
농부는 새떼들이 포식하도록 풀어놓았다
잠자리는 아이들을 위해 왔고
내 귀에 소슬바람이 넣어주는 말
남은 날이 부족하지만
나는 이미 받은 혜택이 너무 많다

종소리가 벌판을 질러간다
풋것들은 하루가 다르게 익어가고
때 되어도 내 문장은 성글다
과일은 노력한 만큼 성공했다
금색으로 변하지 않는 것은
가을이 아니거나 가을 밖이다
바위도 금색으로 여물어간다

그 시월

저녁 그림자가 들판을 덮어버렸다
그림자 뒤에 적막이 휘장을 둘러쳤는데
나무 아래 서서 익어가는 풍경을 뒷짐 지고 본다
누구의 것도 아닌 허공을
내 것인 양 마음에 새겨본다
사념에 잠긴 생각은 겸양의 손이 없고
서풍이 미세물질을 데리고 온다
종소리는 이 순간을 위해 왔다가
무덤 쪽으로 가버린다
나는 자루에 담을 거둠이 없다

땅거미가 저녁을 먹어치우면 뼈 없는 신神이 올 차례다

나무들의 만남

자작나무와 오리나무가 마주 보고 살았다
멀리 바라만 보고 살았지 만날 수는 없었다
조락의 계절이 와서
자작나무와 오리나무는 잎을 떨어뜨리며 말했다
'너희들 서로 만나거든 인사하고 사귀도록 해라'
같이 만난 그들은 해지는 벌판에서
악수하고 인사를 나누었다
그들은 가야 할 운명의 미래를
걱정하며 바람에 굴러갔는데

어느 날 잠에서 깨어난 가랑잎들은
자신들의 자리가 처음 떠난 자리로 돌아온 것을 알았다

붉은 고추

계절이 익으면 주머니 속에 금화가 가득 찬다
어느 부자가 부럽잖다
고춧가루가 아니면 담력이 생기지 않았지
입안이 얼얼하도록 화끈거려야
독한 마음으로 힘을 발휘하게 된다
맵지 않으면 토종이 아니다
가진 것 털어먹고 없어도
독종으로 살란 말이다
눈물로 눈을 씻은 다음에
눈이 맑고 또렷해지거든
세상을 다시 보란 말이다
피보다 붉은 고춧가루를
세상에 확 뿌리고 싶은 날

억새들

표현을 빌린다면 너희들은
한 세기를 이끌고 가는 물결이다
한쪽으로 쏠리는 하얀 물결
그 풍경을 보려고 사람들은 놀러오고
너희 꿈이 이뤄지면 꽃이라 부르겠다
억새밭에 새의 깃털이 떨어져 있다
내 목덜미를 간질이던 바람은 억새 숲으로 숨는다
너희는 하나로 뜻을 모아
물살을 헤치고 가는 가을 행렬이다

찬비 맞는 내 가슴은 느낀다
저 하구 쪽으로 수천의 물새 떼가
정신없이 몰려든다

이슬과 여치

풀밭에 여치가 살았습니다
4시간 30분을 울고 나니 풀잎에 이슬이 맺혔습니다

여치가 이슬에게 말했습니다
'너는 누구지' '나는 이슬이라 해'
여치가 말했습니다, '우리 친구하자'
'그거 좋지 그런데 약속이 하나 있다'
'너 나를 건드리면 안 된다'
이슬과 여치는 친하게 살았습니다
그런데 여치가 약속을 어기고 이슬을 끌어안았습니다

사랑이란 끌어안는 게 아니라
마주 바라보아야 한다는 걸
여치는 깨치지 못했습니다

입추

기상청이 장마가 물러갔다고 전한다
이제 폭염이 기승을 부릴 텐데
친구가 문자를 보내왔다
'여보게, 내일이 입추라네'
입추가 사람의 이름도 아니지만
누이가 살아서 돌아올 것 같은 입추여
매미는 갈 날이 바쁘다며 재촉하고
강가 다리 밑에 열대야를 식히려고 사람들이 모였다

풀숲 길을 걷는데 귀뚜라미가 착각했나
녀석이 가을을 전하려고 온 심부름꾼이다
귀뚜라미는 자기 소리를 낼 뿐
다른 흉내를 내지 않는다

잠자리의 하루

그냥 가기는 싫다는 건지 무얼 잊어버렸는지
가다가 돌아서는 습성이 늘 저렇다
가을로 들어가니 가을 밖으로 나가지 못한다
연못엔 송사리 떼가 수면에 동그라미를 그리며 놀았다
구름이 궁전을 짓고 허물고
중세기의 건축양식을 모방한 예술
한물갔지만 잠시 머문다
달이 성큼성큼 걸어와 물속으로 들어갔는데
송사리 떼가 뼈만 남기고 뜯어먹었다
잠자리의 잠은 조심스럽다
누구에게 먹히지 말아야 할 텐데
잠자리 네가 살 때까지 나도 살 테니
저 불꽃 꺼지지 마라
나는 진眞치 못하다

조망바위

모든 존재들은 발아래 있다
세월을 굽어본 바위엔 이끼가 푸르고
들판과 부락은 하늘이 보살펴 주었다
솔개들이 내려다보는 지상은
계절의 경계를 넘어온 열매들이
햇살을 받아먹고 단맛을 익힌다
들판은 금색으로 물들어간다
까마귀들이 하늘로 오르고
옥수수밭에서 땀 흘린 사람들은
자루에 담은 결실을 기뻐한다

추일秋日

장마에 쓸려간 폐가는 여름의 일이었다
주인은 떠나고 풀벌레가 세 들어 살려고 와서
느낌을 노래하니 소슬바람이 분다
배낭을 메고 젊은이들은 여행을 떠난다
새들이 내 주변을 날고 구름이 머물다 떠나고
아이들은 머리칼을 노랗게 칠했다
꼭지가 물러 과일이 땅에 떨어진다
단풍나무는 붉은 옷을 걸쳤는데
웃옷을 허리에 두른 여인이 지나간다
익은 열매가 굴러와 발끝에 닿는다
손에 잡힌 것은 확실한 물증이다

한 잎의 생각

한 번 써먹은 영감은 버려야 한다
눈 뜨고도 놓친 것이 많았다
전동차를 타고 지하 갱도를 달린다
착암기 소리도 스쳐가고
화강암 터널을 몇 날 몇 밤을 달렸다
맹인이 통로를 지나며 하모니카를 부는데
돌아보는 사람이 없다
나도 허공의 손잡이에 매달려 무심했다
어떤 신사는 19세기 모자를 쓰고
어떤 여자는 나비 귀걸이를 했다

나는 종점에 내려 산속을 찾아가는 중이다
문명의 소음에서 벗어나 산골 물소리로
고장 난 귀를 치료하려고

눈

날개를 펴고 내릴 곳이 마땅찮아
가벼움이 한번 몸을 추스르고 올랐다가
다시 마음을 가다듬고 착지를 물색한다
내릴 장소가 조심스럽다
그들은 조정장치가 없었다
가벼움이 다시 몸을 가다듬어
불결한 세상을 가려주는 것이
임무가 아니겠나 생각했다
눈 속에 묻힌 것들은 잠이 들고
매화나무가 설한雪寒을 견디게 되면
꿈이 어둠 속에서 움트게 되리니

제3부

강 건너쪽

물을 건너가라 물에 쓸려가더라도 건너가라
건너간 후에 뒤돌아보지 말라
이제 다른 뜻을 세워
신발 끈을 고쳐 매고 낯선 곳으로 갈 때
갈대들이 바람과 합세해 말하리라
걸망에 뭘 채우지 말고 지갑도 팽개치고 가라
장차 초원이 펼쳐지고
사슴이 뛰노는 낙원은 없을 것이다
배고픔과 질병이 덤빌 것이다
모래바람과 뙤약볕이 쪼이는
사막이 아가리를 벌리고 기다릴 것이다
그게 마지막 시련이 될 것이다

나 없으면

나 없으면 너는 와서 살아라
나 바람으로 돌아가 없으면
너는 와서 물이 되어 살아라
해 뜨는 마을에 아침이 안개를 헤치고 오면
너는 와서 복사꽃이 되어 살아라
복사꽃 지고 복숭아 주렁주렁 매달리면
너는 복숭아 따는 처녀들 웃음으로 살아라
물가에 산 그림자 내리면
너는 매매 우는 염소 되어 살아라
나루에 배 떠나고 없으면
너는 나루를 지키는
물 향기 되어 살아라

꿀벌들

꽃에서 꿀을 먹고 왜 우나
곡성이 없는 상여
그런 장행葬行을 보았나
꽃이 제공하는 만찬과 밀월의 단꿈
누이는 목련꽃 떨어지는
그늘 아래서 종일 수繡나 놓고
바람 여울에 목련은 떨어져 어디로 가는지
꽃 장례가 끝난 뒤에 멸망이 없는 나라로
붕붕 날아가는 짐승 떼
너희들 신비의 나라
여왕이 통치하는 그런
왕국에 나 가고 싶어

검은 넥타이

나이 먹으면서 검은 넥타이 맬 때가 늘어났다
목에 검은 끈을 매고 집을 나서면
'아저씨, 누구 문상 가사나요'
'그래요, 요단강 나루에 앉아 물 구경하다 올 거요'

공중에서 까마귀가 운다
이상李箱은 레몬 향기가 맡고 싶다고 했던가
저승 대합실에 들러 장부에 이름 적고
검은 넥타이가 검은 넥타이를 맞아 인사하고
망자에 대해 얘기하다 밥 먹고 돌아온다

아들들에게 부탁한다
내 가게 되면 검은 넥타이 매지 말라
붉은 장미꽃을 가슴에 달아라

고독을 숙성시키다

사는 일은 행복이 보일 듯 말 듯했다
손에 잡히지 않는 행운들
이미 몸의 반은 흙이 되었고
남은 반을 이끌고 여기까지 왔다
고독은 성큼성큼 걸어온다
고독을 건드리면 일을 망칠 것 같다
죽음이란 녀석이 뒤에 와서 하는 말
'우리 같이 가며 길동무나 하자'
그렇게 애교를 부린다 엉큼한 놈
나는 객지를 떠돌다 시간을 탕진해버렸다
마음에 새긴 뜻을 이루지 못했다
고독이 숙성하는 중이니 고동색 꽃이 피리라

곰의 식사

회귀 본능을 가진 연어가
가을에 성어가 되어 모천으로 돌아왔다
태어난 출생지가 그리워 돌아온 거다
거센 물살을 가르고 강을 오르다가
낙차가 심한 곳에 이르자
상류로 오르기 위해 점프를 해야 하는데
몸이 공중으로 뜨자
길목에서 지키던 곰이 덥석 물었다
곰의 밥이 된 연어의 한마디 말
'친구들아, 나 먼저 가네
내가 곰의 식사가 될 테니
너희들 속히 상류로 올라가거라'
한 목숨의 희생으로 동료들은
목적지에 이르러 산란하는 데 성공했다

교감交感

잡목 숲에 머루 다래 넝쿨 촘촘한데
누가 탑을 세우고 하늘을 얹어놓았다
지금은 초록이 탈진해 가는 중
단풍을 노을에 담갔다 널어 말리는 중이다
몸은 오래 못 가니 영혼을 중시하라
솔방울이 어깨를 툭 치고 굴러간다
정신 차리라는 가르침이다
교감이란 저런 것인가
바람은 피리 구멍을 지나면 노래가 될 것이다
지금은 인기척도 멀고 우레도 멀다

편지

여긴 줄장미가 개업했습니다
장미가시에 찔려도 장미를 사랑했던 사람
그 마음을 간직하는 하루 입니다
내가 이루지 못한 우화羽化를 나비가 이루고
무밭에 흰나비가 날아듭니다
이 일이 오늘의 사건입니다
밖을 떠돌다 돌아와 블로그를 열어
얼굴 모르는 그대에게 보냅니다
무밭의 흰나비와 같이 보내고 싶은 것은
뒷산의 쑥국새 소리입니다
그대 주변엔 무엇이 움직입니까
덤프트럭인가요 타워크레인인가요

풍금風琴

운동장은 다져져 물이 고이고
백양나무 잎은 종일 손뼉을 쳤다
풍금을 켜던 여선생은 어떤 길을 택해 어디로 갔는지
소년도 만족스럽지 못한
험지를 헤매며 객지를 떠돌았다
풍금 소리 들으면 배고프지 않았다
페달을 밟아 리드를 진동시키던 선생은
어느 하늘 밑에서 낡아 가는지
이따금 바람에 풍금 소리 들을 때가 있다

오늘은 강풍에 꽃잎 날린다
백양나무 잎이 반짝이던 교정
옛날은 간곳없다
나비 같은 날들아

혼돈기混沌期

  백로가 백로를 보고 너는 백로가 아닌데 백로 행세를 하느냐
  백로가 아닌 백로가 승소勝訴해 백로 머리 위에 앉았다
  귀뚜라미가 귀뚜라미를 보고
  너는 귀뚜라미가 아닌데 귀뚜라미 소리를 내느냐
  참眞이 아닌 놈이 귀뚜라미를 밀쳐내고 귀뚜라미가 되었다
  인삼이 산속으로 가서 산삼 곁에 자리를 잡았다
  백 년 묵은 산삼이 인삼의 위세에 눌려
  산삼은 산삼이라 말을 꺼내지 못했다

  혼돈의 시대가 말끔히 질서를 잡고

  하늘과 땅이 분명해질 때
  나도 나를 찾아 내 목소리를 내는
  색깔이 선명한 나를 건질 수 있을까

흙냄새를 찾아서

착란錯亂의 행적을 헤만 살이
객지는 세끼 밥그릇 채우기 힘겨웠다
척박한 땅에 감자 눈을 따서 심던 옛 기억
어머니 비술로 발효되던 장맛
토담 밑 어디에도 장독 남아있을 리 없지
포클레인은 삶의 터전을 뭉개버렸고
개발이란 섬뜩하지 않을 수 없었다
보금자리 흙집은 사라진 지 오래
가끔 수달이 오는 도랑물이 흘렀는데
사투리로 밥 짓던 당신의 부뚜막은
송두리째 시멘트로 덮어버렸다
세월이 둔갑해도 되살릴 수 없는 것을
흙벽에 등대고 살았던 먼 날들아

지휘자

콩나물 대가리가 오선五線 위에 매달려 있다
지휘봉을 든 연미복은 허공을 휘젓는다
지휘봉이 심장 밑으로 내려오면 잔잔한 물결이 인다
도랑물 졸졸 흐르는 소리가 이어지다가
순간 폭풍을 동반한 우렛소리에
장대비가 쏟아지기 시작한다
연미복은 미친 듯 허공을 더듬기 시작한다
소나기 지나자 하늘이 트이고 햇빛이 구름 사이로
쏟아진다
양떼가 초원에서 풀을 뜯고 나비가 날아온다
숲에 새소리 지저귀고 먼 무적霧笛이 들리는데
몇 차례의 해풍이 지난 후
일몰이 꺼지면서 지휘봉의 동작이 멎는 순간
청중의 갈채가 쏟아진다
무대 위의 지휘자와 연주자들
일제히 일어나 갈채에 답한다

종생終生

일모日暮의 시간에 서산의 불길은 번진다
불길이 구름에 옮겨 번질 때
쪽배를 밀고 서녘 포구로 가는 초승달
나는 뒷짐 지고 꺼져가는 황혼의 임종을 지켜본다
불륜의 도시에 꽃은 지고 긴 저녁 그림자
성벽에 기대 졸다 가는 바람의 뒷모습을 보았다
생이란 머물다 자리를 비워주는 것
황홀한 생을 마친 일몰은
하루의 고된 삶을 거두어가고
빈집의 거미줄에 걸린 나비의 한쪽 날개에
나의 생각을 오래 머물게 한다
산아래 비탈진 자리에
고요는 봉분을 안고 잠들었다

일상

우레가 지나고 햇빛 내리는 날
전생에 나부裸婦였던 바람이
내 겨드랑이를 간질이며 지나간다
옥상에 상추와 깻잎 풋고추를 키워 뜯어먹는다
시멘트벽 틈에 민들레가 한 시절 살고
꽃씨를 낙하산에 태워 먼 섬으로 보낸다
내가 사는 곳이 지구의 구석이지만
때로는 지구의 중심으로 여길 때가 있다
낮잠 즐기던 고양이는 어딜 갔나
오늘은 내게 다시없는 귀한 시간인데
조각구름이 때 되면 꽃 핀다
마음 다스리지 못하고 남의 외양만 본 하루

어떤 인연

여기 길가에 꽃이 피어있다
꽃은 향기에 운명을 걸고 기다린다
가진 것이 향기뿐인데
깜박 잠든 사이에 나비는 그냥 지나간다
꽃은 간절함을 말하려 했으나
나비는 꽃만 찾아다니는 게 아니었다
맹인이 피리를 불며 가는 뒤로 따라붙는다
나비는 음악에도 관심이 있었다
영양실조에 걸린 낮달과
새들이 옮겨 다니는 나뭇가지
그 아래 풀잎에 앉아 쉬었다가
공원묘지 쪽으로 가는 중이다
비석에 새긴 이름을 찾아서

우는 은행나무

나무를 사랑하지 못하고 산 나는
바람에 실려오는 울음을 듣는다
세상을 굽어본 은행나무
인간이 저지른 만행을 다 알고 있다
생명이 피 흘리고 신음소리 들릴 때
천년 은행나무는 잎이 지며 울었다
산 자는 그 소리를 듣지 못했으나
죽은 자는 그 소리를 들었다
난亂이 거쳐 가고 목숨은 떨어지고
끌려간 자는 누구의 종이 되었는지
나무의 마음은 상해갔다

제4부

예감 豫感

들에 나가면 키가 작아 땅에 붙어사는 꽃이 있었다
머리를 낮게 구부려야
입 맞출 수 있는 앉은뱅이 꽃이다
허공에서 누가 부르는 노래
들으면 죽고 싶은 가사에
마약에 취해 작곡한 노래
한 번 들으면 눈 감게 되고
두 번 들으면 눕게 되고
세 번 들으면 잠들게 되는 자장가

좋은 날에 시를 짓게 되면
한 번 읽고 시를 죽여 버린다
다시 다른 시를 찾아 가슴의 빗장을 풀고
볼펜을 잡고 불끈 힘을 준다

어느 무명 시인의 블로그

얼굴을 모르고 실명을 모르고 주소를 모르는
무명 시인과 글을 주고받았다
아는 것은 여성이란 것뿐
내가 쓴 시에 그가 와서 글을 남겨주면
나도 그의 방에 가서 글을 올려주는
시화詩話가 이어져 왔다
그가 쓴 시가 너무 감동을 주어
떨어질 수 없는 독자가 되었다
그가 어느 날부터 블로그에서 사라졌다
요양원으로 간다는 글을 마지막 남기고
그와의 대화는 단절되었다
나는 주인 없는 그의 빈방에 가서
세상에 알려지지 않은 걸작을
오래 읽다 돌아온다

실꾸리

　실꾸리를 어머니는 손에 들고 할머니는 무명실 끝을 잡고
　어디로 가시네 어머니는 실을 풀어주고 할머니는 어디로 가시나
　평생을 실뭉치를 감았던 할머니는
　이제는 실타래 푸는 일만 남아서
　어머니도 일을 도와 실꾸리를 풀어주시네
　무명실로 주고받은 은밀한 말씀이
　무엇인지 어렴풋 짐작이 갔으나
　가시는 게 바빠서 누구도 붙잡지 못했네
　할머니는 벼랑 끝에서 더 갈 곳이 없자
　날개를 펴고 구름 위에 올라가셨네

　할머니가 목화밭을 가꾸시며 읊던 노래를
　치마폭에 담아 지상으로 내려 보내시네

시인이 살던 집

어쩌다 우연히 그 집 앞을 지나게 되었다
지금은 아무도 살지 않는 집
그 시인이 살았을 때 해변을 함께 거닐며
시와 인생에 대해 나누던 대화가 떠오른다
그는 현실 부정의 시를 썼다
해변에 기차 간이역이 있고
파도소리가 들리던 시인의 집
그는 평생 독신으로 살았다
마당가에 해당화가 피고
죽은 대추나무엔 거미줄이 걸쳐 있었다

그가 죽기 전에 남긴 유언에 따라
골분이 저 바다에 뿌려졌다
파도는 나를 비판하던 그의 소리로 들린다

바람의 윤곽

나 없을 때 문을 두드리다 간 녀석이 있었다
무슨 사연을 전하려고 했을 거다
바람꽃은 문을 열고 내다보고
너는 강을 건너올 때 물의 리듬을 타고 왔다
너는 자진自盡하다가도 풀잎 끝에서 살아났고
나뭇가지에서 잠자다가 들판으로 내달리기도 했다
내 살갗에 스칠 때 간지럽기도 했으나
해거름이면 황혼을 거두어 가길 바랐다
네가 갈대와 한통속인 것을 안다
우린 서로 낯설지 않게 살았다
지상 끝까지 같이 가겠다는 귓속말을 내게만 전하고
누구이게도 말하지 마라

바람 속에서

메아리를 품고 사는 바위는 침묵하고 있었다
누구도 알지 못했으나 석수장이가 어떤 예감에
바위를 정으로 쪼고 끌로 깎고 다듬었다
거북이를 끌어내는데
석수장이는 늙고 병들고
머리는 백발이 되었다
석수장이가 가고 천년이 지난 후에
거북이는 국보로 지정되었다
거북이를 바라보면서 생각했다
천둥 번개 지나간 시간
석수장이의 이름과 무덤을
아는 자가 없었다

바닥

행인이 길을 가다 돌아서서 노숙자에게 묻는다
'여기가 바닥입니까'
'예, 바닥입니다'
실패를 밥 말아먹은 노숙자

인생의 바닥이라면 집도 절도 없고
처자식도 없어 손해 볼 것 없는 낙천가
바닥보다 편하고 겸허한 곳은 없다
밤이면 귀화鬼火가 몰려와 춤추고
쾌락의 군상들 흘러가는 지하도
사창가 팝송에 달밤이 깊어간다

바닥은 무덤 밑에 무덤 있고 무덤 위에 무덤 있다
노숙자는 고독을 발효하는 중
바닥이 없으면 딛고 일어설 수 없는 것을

물에 띄운 서간書簡

무언가 간절함에 몇 줄의 글을 썼다
그 사연을 보낼 곳이 없어
물가에 앉아 종이배에 띄워 보냈다
지도에도 없는 마을의 소년이 강가에서 놀다가
종이배를 건져 사연을 읽어보고는
거기 적힌 주소로 엽서 한 장 보내준다면
나는 미지의 소년에 대한 생각에
상상을 먹고 사는 염소가 되겠다
물가에서 매매 울겠다

어릴 때 연필로 찍어 쓴 글이 떠올랐다
우표를 봉투에 붙여 우체통으로 달려가던 사춘기
지금은 꿈이 고갈된 지 오래

무서운 꿈

매일 악몽에 시달리는 밤
나는 프로이트 선생의 상담을 받으려고 계단을 올랐소
붉은 벽돌집을 지나 교회를 지나 거기 하얀 이층집

'여보세요, 프로이트 진료실은 어디로 갔지요'
'정신 나간 사람이군'
'폐업하고 떠난 지 반세기가 지났소'
'그게 무슨 얘기요, 며칠 전에도 와서 진료를 받았는데요'
'가방에 꿈을 넣고 상담을 받으러 오면
프로이트 원장이 내 꿈을 분석했어요'
'그가 내 진료카드를 갖고 있소'

나는 진료실을 찾지 못하고
무의식의 미궁으로 빠져들고 있었소
악몽이 깨어나지 않았소

마지막 모험

죽음은 신비로운 것이다
어떤 모습으로 어떻게 오는가
무엇을 갖고 와서 어떻게 데리고 가는지
연습의 기회도 주지 않는다
얼결에 당도한 죽음이 코앞에 있어도
나와 상관없는 일로 치부해버린다
고독은 죽음보다 강한 내성을 지녔다고 한다
집행유예로 버티다가 죽음이 앞서게 되면
만만치 않은 놈임을 알게 된다
죽음은 진실에 가장 가깝다
아름다운 노래를 준비해야겠다
마지막 모험일 테니까

뜰에 찾아온 방문객

문밖에 그가 왔으니 방으로 맞아들인다
대접할 것은 달맞이꽃 차 한 잔
주고받은 말이 오래 이어졌다

자정이 지나도록 먹고사는 일이 아닌 시화詩話에 대해
생이란 죽음과 자웅동체란 것에 대해
아프다는 것은 살아있다는 것이고
아프지 않으면 갔다는 의견에 동조했다
또 다른 감동은 그가 미인이란 것이다
나와의 밤샘은 그가 서산을 넘어가면서
작별이 이뤄졌다

문밖의 풀벌레는 사랑과의 이별이
몇 날이 아직 남아서
울음이 영글어가는 중이다

눈이 있는 것

신神의 선물 중에 가장 소중한 것이 눈이다
많은 것을 보고 느껴보라고 주었으니
본 것을 읽고 수첩에 써본다
보지 못하고 가는 것도 많을 거다
마음에 생각이 없으면 보지 못하니
상상의 세계가 더 넓다
눈이여, 너는 내 핵심核心이다
본 것을 활용하지 못하면
눈은 무용지물이 된다

감자는 못생겨도 쌍꺼풀눈이 여러 개다
이마에 뒤통수에 정수리에도 있다
눈이 있는 시를 써야겠다

너를 만나려고

어떤 연고도 없는 두메에 왔다
수달이 도랑물을 뒤지며 식사를 하고 간다고 했다
수달을 한 번 만나보려고
민박집에 하루 더 묵기로 했다
내일 이 시간이면 수달이 온다는 주인의 말에
밤잠을 이루지 못했다
수달이 올 시간이 가까워졌는데
녀석은 나타나지 않았다
오다가 변을 당한 건 아닌지
공연히 긴장되고 두근거린다
도랑물 가 물옥잠만 보았다
수달이 오는 마을은 집이 네 채

낙형烙刑

  숯불에 달군 인두를 들고 널판에 엎어놓은 등허리를 지진다
  다림질하니 생살이 타고 뼈가 고와진다
  타들어가는 살의 연기가 허공에 퍼지고
  독을 품은 입과 코에서 단내가 풍긴다
  끝내 지조를 굽히지 않으니
  '여봐라, 인두가 식었구나'
  '인두를 달궈 오너라'
  아직 용서받지 못한 등허리가 남아있다
  다시 지져도 인두는 식어지고 피는 튀었다
  바느질하려고 구김살 펴던 먼 어머니
  당신이 다리미로 다리시던 옷고름이 그립다
  한 조각 붉은 꽃이 피는데
  인두로 지지던 팔이 부러졌다

귀

1888년 12월 23일 겨울 반 고흐는
면도칼로 왼쪽 귀를 잘랐다
자른 귀를 신문지에 싸 들고
까마귀에게 줘야 할 것을
사창가로 가서 창녀에게 주었다
창녀가 기절했다 한다
귀를 자르고 신문에 특종 기사가 났다
귀는 소리를 보관하는 밀실이 있고
음파는 달팽이관으로 전달되는데
섬세한 구조는 신이 안겨준 선물이다
신神의 발자국 소리를 듣는 귀
귀가 깨친 말이 꽃 필 날들아

국경을 건너

젊을 때 뜁던 피가 짓물러간다
맑은 것이 탁해져 엉키면
관管이 터져 혈액이 하수구로 흘러
내세로 길을 내는데
미세물질과 황사가 없는 곳으로 가게 되리니
육신이 생업에 지쳐버린 지금
발효된 간장 맛이 어머니의 세심細心을 떠올리는데
하늘은 달빛 흘러가는 물결
은하를 건너가는 날짐승들
대열을 이뤄 적폐가 없는
국경을 건너간다
이승도 저승도 아닌 그곳

제5부

구름 좋은 날

어떤 구름은 건축양식이고
어떤 구름은 양떼 무리고
어떤 구름은 목화송이로 피어난다
나는 마음 다스리지 못해 암자를 짓지 못했다
꽃이 되려면 하늘을 품어야 하는데
허물이 있어 하늘을 볼 낯이 없다
구름이 도반이 되어야 순례자가 되는 것이니
나는 구름이 가는 곳을 안다
거기엔 사철 사과꽃이 만발하고
처녀들이 사철 사과를 따는 곳

딱정벌레

길을 가다 녀석을 만났다
열심히 어디론가 가는 것이었다
'자네 어디로 가나'
'우리들이 세운 왕국으로 가는 중이에요'
'여보게, 딱정벌레'
'나도 거기 가고 싶은데 같이 갈 수 없을까'
'그곳에 파브르 선생 기념관이 있고 무덤도 있다던데'
딱정벌레가 상기된 얼굴로 돌아보며
미물을 업신여기지 않는 진정성이 보여야
갈수 있다고 했다

나는 딱정벌레를 따라가다가 멈칫 서 버리고 말았다

도강 渡江

북방에서 달려온 말이 멈춰 선다
강을 건너야 하는데 다리가 없다
쫓기는 몸은 여기서 생을 끝내야 하나
떠날 때 어머니가 전하기를
'네 지략으로 어디 간들 살지 않겠느냐'
'남쪽으로 가서 뜻을 펴도록 하여라' 하였거늘

한 노인이 낚시를 하고 있었다
배후엔 먼지를 날리며 적들이 뒤쫓아 오는데
말은 앞발을 들고 성질을 부리며 운다
'수신水神이여, 어찌하면 좋으리까'
노인이 피리를 부니
자라와 물고기들이 몰려와 다리를 놓아준다
개척지에 이른 주몽은 새 하늘 밑에서
유민들을 모아 개국의 깃발을 올렸다

당뇨

누이는 수繡놓기를 좋아했다
목단 꽃을 새기고 새도 그리는 걸 즐겼는데
운명일까, 누이는 당뇨병에 눈이 멀어져 수틀을 버렸다
눈썹에 구름 머물다가도 모르고
황혼이 이마에 머물다가도 모르고
치마에 나비가 안겨도 수놓는 일만 생각했을까
하루는 누이가 담벽에 기대 우는 걸 보았다
더 의지하고 머물 생각을 접었는지
어느 좋은 날
누이가 달의 뒤를 따라갔다
가랑잎 굴러가는 언덕에 꽃상여가
떠가는 걸 오래 지켜보았다

달의 여울

하룻밤 노숙은 전동차 무쇠 바퀴 소리로 멀어진다
들꽃이 죽을 때 풍기던 냄새는 일모日暮가 묻어있다
객지에서 구걸하던 면무식의 죄 냄새
모험을 걸었던 혈기血氣는 온데간데없고
달이 건너가는 여울에 기러기 행렬은 여덟팔자다
몸속엔 삶이 반 죽음이 반
나는 삶과 죽음의 자웅동체
젊을 때 친구와 주고받은 말이 있었다
'나는 몇 번이나 자살하려 했다'
'그게 참말이가'
'내가 왜 거짓말하겠노'
'니 죽고 싶어 환장했나'
바위 속에 갇힌 메아리인가
울지도 못하고 가는 생이여

시인의 무대

별들의 무대는 뜨겁다
오색이 찬란하다
야외 밤무대는 폭죽이 터지고 관람석은 관중의 갈채와 함성
무대는 절정을 이루고 관객들은 흩어졌다
몫을 챙긴 별들도 떠났다

귀뚜라미 한 마리가 무대 뒤 풀숲에서
자기만의 소리로 악기를 연주한다
누가 엿듣지 않아도
가난한 귀뚜라미여
관객이 없는 풀숲 무대
너의 노래를 달맞이꽃이 듣고
달이 내려다보고 비쳐준다

선물

아프지 않고 슬프지 않은 삶은 없다
복이 넘치는 삶이 이어진다면
호강을 어떻게 감당할 것인가
불행 속에서 살면 불행을 견디려는 내성이 생겨서
불행이 뭔지 모르고 살게 될 것이다
두 다리로 걸어 다니고
눈으로 보고 싶은 것을 보고
귀로 듣고 싶은 것을 듣는 것이
신神이 안겨준 행운이니
재물과 권력을 얻는 것보다
지체부자유를 면하고 살면 그게
나를 위한 감사의 선물일 것이다

서랍 속의 자식들

자식이 많으면 관리하기 힘들다
나는 많은 자식을 볼펜으로 묘사해 놓았다
서랍 속의 자식들은 말이 없으나
쌓아두고 청탁이 오면 몸단장해 보낸다
장마철에 습기가 차면 자식들을 꺼내
햇볕에 내다 말리기도 한다
서랍에 자식들이 쌓여있으면 마음 든든하다
볼품없는 비쩍 마른 녀석들이지만
혈통을 이은 자식들이기에
서랍 속을 들여다볼 때마다
공복에도 배고프지 않다

생애

갈대밭에서 낮잠 자던 바람은 떠난다
갈대는 무슨 생각을 하고 바라는 것은 무엇일까
기다림은 물리지 않는 것이다
개미가 외나무다리를 줄지어 가는데
굴렁쇠 굴리며 달이 서역으로 가는 길이라면
신화의 아테네 아니겠나
모두 꽃이 되려고 하나 나는 잎이 되어도 좋겠다
석수장이는 돌을 깎고 나는 글을 깎는다
깎고 다듬어 무형의 탑을 세우겠다
눈에 눈물이 없다면 마음엔 호수가 없을 것

삼류의 슬픔에 애착은 없고
소크라테스의 수염에 경의를 표한다
19세기 황톳길 남도의 유배지로 걸어가야겠다

생각의 부스러기

낙타는 걸어가며 잠잔다
하지만 예감으로 길을 찾아간다
꽃은 꽃의 잠을 자고
구름은 구름의 잠을 자며
노숙자는 노숙자의 잠을 잘 때
내게 복에 겨운 날은 없을 것이다
입에 거미줄 칠 날도 없을 것
이내以內의 허공을 헤치고 새가 날아간다
생을 초월하면 부토로 돌아간다
신과 인간과 자연과 손에 잡히지 않는 공기
어느 하나도 버릴 수 없다
가을이 되어도 바다는 단풍들지 않고
억새 바람에 설레는 물소리

살결

태어났을 때 젖비린내가 났다
자라면서 살결은 사람 냄새가 났고
밭을 가꾸면서 흙냄새가 났다
자본의 늪에 빠지면서 돈 냄새가 났다
살이 늙는다는 것은 세월이 부식되는 것
오랜 표랑에서 느티나무 마을의 귀향은
지친 몸이 쉬고 싶은 곳
황혼의 서산에 달의 허파도 상했고
살결에 훈장을 대신한 반점의 꽃이 피었다
오동나무 관棺에 잠든 살은
쉬이 흙에 보태질 것

살 때와 죽을 때

사랑이 거쳐 가고 나서 어렴풋 느낌이 왔다
슬픔을 이등분해 나눠 갖는 게 사랑의 속성이다
그가 눈물을 흘릴 때 돌아앉지 말라
같이 눈물을 흘리는 것이 사랑의 본성이니
그가 죽을 때 곁에 앉아
가늘어지는 숨을 들으며 같이 숨을 죽이다가
목숨의 줄이 끊어지는 순간
잘 가라고 마지막 말 건넨 뒤에
당황하지 않고 눈을 감겨주는 것이 마지막 몫이다
요단으로 건너가는 것은 끝이 아니며
주기가 오면 무덤을 찾아가는 것이
사랑의 여분으로 남는다

빈손

지금은 가을이다
돌아보면 봄에 뿌린 게 없는 나는 바랄 게 없다
마음에 심은 시의 씨앗이 있었으나
싹이 자라다 적응하지 못하고 죽었으니 거둠이 없다
농부는 벼 이삭을 기뻐하고
새떼가 날아드는 것을 흐뭇하게 바라본다
새떼가 배불리 먹도록 농부는 허락해 주었다
자비가 따로 있는 게 아니다
하늘이 웃고 새들이
누구의 간섭을 받지 않는다
같이 살다 같이 갔으면 좋겠다

빈 자루

생수 한 모금 마시고 먼 산을 본다
푸른빛이 내 가슴에 안길 즈음
알을 깨고 병아리가 나왔다
꽃등 켜고 개나리가 왔다
하루하루가 개나리 행차와 병아리들의 나들이

어머니 멀리 간 아이야 이젠 생각을 말고
너는 꽃이 되어야 한다
너의 마음에 꽃이 없다면
꽃이 하늘을 덮어도 봄이 아니니
몸살 앓는 네 몸에서 꽃이 피어야 한다

나는 떨어진 꽃을 담을 자루를 준비해야겠다

부자父子

아들의 대학 졸업식 열흘 전에 그는 떠났다
염장이를 불러 뒷수습에 들어갔고
병풍을 치고 생과 사의 금을 그었다
병풍 너머는 저승 안쪽은 이승
마음의 준비를 했던 터라 절차에 따라
의식을 치르고 나니 빈자리가 컸다
모든 연결고리가 끊어졌다

학위 수여식 날 검은 가운을 입고 사각모를 쓴
아들과 사진을 찍었다
그 사각모와 가운을 사 년 동안 고생한
당신이 입고 사진을 찍어야 하는데
내가 입고 찍는 게 미안했다
현실을 받아들여야 하는 지금
아들이 파수꾼이 되어 내 뒤에 서 있었다

벌판에서

한 차례 소나기가 지나간다
농부가 달려가고 소가 달려간다
청춘 남녀가 손을 잡고 달려간다 상금 없는 마라톤
비를 맞지 않으려고 달려보지만 비를 피할 수 없다
남이 달리니 같이 달리는 습성에 빠져있다

한 스님이 걸망을 메고 걸어간다
걸음걸이 서둘 일도 지체할 일도 없다
소낙비가 스님을 달리게 하지는 못했다
태연히 걸어가는 모습이
내게 어떤 깨달음을 주었다

볼드

　나는 실로 진정한 낙관도 비관도 인식하지 못하고 살았다. 고독의 영혼은 지금도 광야를 헤매는 중이다. 숲에서 무슨 새가 노래하는지를 모른다. 나의 새들은 너무도 먼 원시에서 날아왔다. 내가 잠들어 있는 동안에 한 마리 새가 날아와서 내 영혼의 숲에 앉아 울다 간 것은 아닐까. 나비도 춤을 추며 날아다는 게 아닐 것이다. 여기저기에 함정이 있다는 것을 알 것이다. 나는 침묵을 통해 나 자신을 누설하지 않고 살아왔다. 은거 생활이 좋았고 글 쓰는데 도움이 되었다. 날렵한 혀로 자신을 드러내는 화술가를 부러워해 본 적이 없다. 사교에 둔했고 말이 어눌했다. 어느 문학 모임에도 당당하게 앞자리에 앉지 못하고 뒷자리에 앉았다가 돌아오곤 했다. 말단 시인으로 사는 것만으로도 행운이라 여겼다. 이오리梨梧里가 어디 있는 마을인가. 이오리는 지구상에 없는 마을이다. 하지만 배꽃과 오동꽃이 피는 마을이면 이오리로 여겨도 좋을 것이다. 지친 내 영혼이 쉬고 싶은 곳. 이

오리로 가는 게 내 시의 안식처다.

 솔직히 말해서 이젠 시를 쓰는 일이 공해를 유발하는 행위 같아서 쓰기가 겁이 난다. 시가 범람하는 사회에서 내가 살고 있다는 인식. 시를 버리고 다른 일을 하려고 해도 이젠 늦었다는 생각이다. 곡선의 길이 직선의 길로 바뀌면서 인간의 마음속엔 아기자기한 감정이 사라지고 말았다. 황톳길을 걷던 사람들이 포장된 길로 승용차를 타고 가는 시대. 그래서 인간이 보지 못하고 지나친 것이 많다는 느낌이다. 세상의 존재들은 저마다 가치를 지니고 있다고 믿는 마음이 시심詩心으로 보았다. 모든 존재를 애정의 눈으로 대하지 않으면 시가 되지 않았다. 들에 피어있는 꽃과 정원에 피어있는 꽃이 같을 수 없다. 하나는 자생하는 꽃이고 다른 하나는 인위적으로 키운 꽃이다. 나는 자생하는 꽃에서 아름다움을 느꼈다. 하찮은 귀뚜라미 소리도 세상에서 그런 소리를 내는 다른 존재란 없다. 시도 이와 같은 특성을 지닐 때 존재 가치를 획득한다고 보았다. 나는 시를 노동 현장에서 얻었다. 남이 경험하지 못한 곳에서 시를 얻었다. 그곳이 두메산골 태백이다.

내 시를 돌아보니 죽음을 다룬 시가 많다는 것을 알았다. 나는 태백에서 많은 죽음을 보았다. 죽음보다 더 확실한 것은 없다. 너무도 많은 동료들의 죽음을 보았다. 이립의 나이에 죽은 동료들의 상여 틀을 밤새워 꾸몄다. 상여를 메고 묘지로 올라 매장하는 일은 우리들 몫이었다. 꽃같이 젊은 미망인들. 그 여인들은 보상금을 받고 어디론가 떠났다. 나는 노동운동에는 관심이 없었다. 체질적으로 그랬다. 노동자의 참여시를 쓰지 않았다. 나는 목돈을 모으게 되면 태백을 떠나는 게 꿈이었다. 하지만 발을 빼기 어려웠다. 체계적으로 시를 공부하지 못한 나는 선호하는 작고 시인의 시를 노트에 베껴 공부했다. 시의 스승도 선배도 없었다. 무작정 쓰고 지우고를 반복했다. 시마詩魔에 홀린 나는 벗어날 수 없었고 한 우물만 팠다. 그 결과 신춘문예에 두 번 그리고 『현대문학』으로 등단해 오늘에 이르렀다. 누가 알아주지 않아도 내 가는 길은 변화가 없었다. 권력에 머리 숙인 일은 없었다.

두메에 사는 사람은 솔바람 소리에 귀를 기울이지 않는다. 하도 들어서 솔바람 소리가 들리지 않는다. 들어도 그만 안 들어도 그만이다. 그러나 먼

도시에서 찾아온 시인은 그 바람소리를 주의 깊게 듣는다. 그러니까 그냥 들려오니까 듣는 것과 주의 깊게 듣는 시인과의 차이는 다를 수밖에 없다. 그 바람소리를 낯설게 받아들이는 자세가 시인에겐 필요하다. 나는 내 시가 망향가가 되어 구름에 실려 날아가기를 소망하며 살아왔다. 인간이 태어날 때는 무의식적으로 울게 되고 다시 인간이 죽을 때는 다른 사람이 울어주기를 바라는 것일까. 나는 하얗고 가느다란 손을 가진 예술가가 아니었다. 사무실에서 펜대로 일하는 사무원이 아니었다. 투박하고 거친 손을 가진 노역자였다. 땀 흘려 일하고 받는 보수는 허수히 쓸 수 없었다. 고급 요정에 가본 적이 없었다. 아직 살아있는 이유가 육체노동으로 다져졌기 때문이 아닌가 여겨진다. 땀을 흘린 만큼 손에 잡히는 게 너무 소중했다. 여가시간을 활용해 쓰는 버릇을 익혔다. 목수는 톱질하는 시간 보다 톱날을 가는 시간이 더 길수가 있다. 시인도 창작하는 시간 보다 관찰하는 시간이 더 길어야 한다고 보았다.

 여기에 내가 추구해온 시의 몇 가지 관행을 말한다면 첫째 선명한 이미지를 부각하는 시. 물처럼 환히 드러나는 시를 쓰고 싶었다. 두 번째는 지

성과 서정이 함축된 시. 새로운 서정시를 써보려고 했다. 셋째는 서구적인 색채에 물들지 않고 외래어를 배제한 모국어의 시를 쓰려고 했다. 네 번째로 자연과 인간을 동일시하는 시. 자연의 시를 쓰되 자연의 시에 인간이 등장하는 시를 쓰려고 했다. 다섯 번째로 세계를 비관적으로 본 것이다. 사물이나 사회를 낙천적으로 보지 못하고 불안과 비관적으로 시를 끌고 간 것이 그것이다. 이것은 내 살아온 삶을 속일 수 없었기 때문으로 본다. 자신을 뒤돌아 볼 때 슬픔에 밥 말아먹은 게 자화상이 아닌가 여겨진다. 나는 자연으로부터 시를 훔쳐내는 도둑이어야 한다고 생각했다. 시 한 편을 발표할 때마다 내 시를 읽고 비판하는 미지의 독자가 있다는 것에 두려움을 느꼈다. 시의 생명이 대중가요 보다 단명하다는 것에 불안감을 지니고 살았다. 시가 없어도 영화를 누리고 잘 사는 사람들이 많다. 하지만 그들의 삶엔 물기가 없다. 건조한 삶이다. 나는 귀뚜라미 보다 돋보이는 게 없다. 노래도 귀뚜라미처럼 부르지 못한다.

이번 시집의 시들은 15행을 넘지 않은 시가 되었다. 시를 충만한 상태보다는 비어있는 여백을 두려고 했다. 그 비어있는 여백을 독자가 상상으로 채울 수 있기를 바라는 마음에서였다. 연약한 언어로 어찌 저 우주의 섭리를 시의 형식으로 그릇에 담을 수 있으랴. 그렇다고 시를 포기하고 다른 일을 한다는 것은 어림없는 짓이다. 시의 한 줄을 쓰는 동안 얼마나 많은 계절의 변화와 아까운 시간이 소모되었는가를 자각이라도 하게 되면 어긋난 삶의 관념들이 나를 괴롭게 만들었다. 영감은 위대한 시를 낳는 역할을 하고 광야로 내 닫는 기쁨이 되기도 하지만 그것은 순간의 기쁨에 지나지 않았다. 또다시 괴로움과 먹구름의 과도기로 나를 헤매게 만들었다. 시란 사람과 신이 합작해 쓰는 것인가. 시가 광풍을 일으킨다는 것도 헛된 말이며 시인이 이승과 저승을 넘나든다는 말도 사기성을 내포하고 있기는 마찬가지다.

  수사와 상상과 은유에 치중하다 보니 멋스럽고 매력적인 시가 되긴 했으나 시의 본질을 잃어버리고 마는 경우가 많았다. 속빈 강정과 같은 시. 아름다운 시와 훌륭한 시는 달랐다. 그러나 적어도 대화의 길로 통하는 기본 입장은 갖추어야 했다. 나의 가난은 배고픔을 참기 어려운 가난이었으나 마음은 따뜻했다. 오늘의 풍요는 배고픔은 벗어났지만 마음은 차고 각박해 진감이 없지 않다. 가난

했던 과거를 회상하는 것은 그 따뜻했던 마음의 고향을 취하자는 것이지 가난을 취하자는 것은 아니었다. 삶의 길과 시인의 길이 둘이 아니라 하나라고 생각하며 살아왔다. 시인의 길은 인간의 평범한 길을 거부한 게 사실이었다. 나는 태어날 때부터 그 슬픔이란 자식과 가난이란 놈과 놀아났다고 할까. 자존심 버리고 산 지 오래되었다.

시가 나의 삶을 구원해주지는 않았다. 시를 통해 위로 받고 살아온 것은 사실이다. 시를 써서 부귀영화를 누리려는 사람은 없을 것이다. 그러나 시가 없어서 외로운 사람에게는 시만큼 위로받을 대상도 없을 것이다. 자연을 선망의 눈으로 바라보는 것이 시에 이르는 길이라 여겼다. 자연과 기탄없이 무언의 대화를 나누는 경지가 시의 길이라 보았다. 길을 가면 길에 무언가 소리를 내며 따라오는 것이 있다. 바싹 마른 가랑잎이다. 저것이 어디로 가고 있는 것일까. 바람에 굴러 자기가 원하지 않는 곳으로 가고 있었다. 가랑잎은 언젠가 잠에서 깨니 태어난 원위치에 와 있었다. 나도 본래의 위치인 마음의 이오리로 가고 싶다. 바위는 침묵하고 있지만 우리가 조용히 다가가서 차분한 마음으로 대하면 세상의 문제들을 풀어주고 해답을

얻게 될 것인가. 시를 쓰면서 행복을 느끼지는 못했다. 하지만 시를 사랑하고 시를 쓰고 시의 삶을 사니까 겸허해졌다.

작품 해설

|

구도자의 삶, 피안의 시어들

김선주(문학평론가, 건국대 겸임교수)

구도자의 삶, 피안의 시어들

김선주 (문학평론가, 건국대 겸임교수)

1.

정일남의 시세계는 판화 속 인간의 형상들로 가득하다. 폐광의 스산한 풍경과 칠흑의 갱도를 배경으로 화자가 '타는 백열등처럼' 서 있다. 갱구 너머로 온통 불을 붙일 듯이 홀로 생의 열기를 내뿜는다. 그는, 고개를 돌리면 일순 눈이 멀 정도로 치열한 인생살이의 포즈를 한 끌 한 끌 새겨왔다.

백발이 되도록 바위와 싸운 석수장이가 떠오른다. 그는 단단한 바위를 "정으로 쪼고 끌로 깎고"(「바람 속에서」) 다듬는 일에 생애를 바쳐, 천년이 지나도록 살아있는 거북이를 남겼다. 석수장이와

정 시인의 얼굴이 오버랩된다. 일생 쉬지 않은 그의 격한 노크 소리가 갱도의 검정 벽을 아직도 쿵쿵 울리는 듯하다.

이 12번째 시집에 이르러 울림의 진짜 정체가 드러난다. 시인이 벽 속에서 찾던 광맥은 거꾸로 그의 가슴속에 맺혀온다. 신이 운명을 표현한 듯 꽉 막힌 벽들로부터 드러난 속살엔 푸른 초원이 넘실거린다. 절망적인 상황에도 불구하고 삶을 사랑하겠다는 기도가 그의 정신에 앙금 같은 희망의 결정을 이룬 것이다. 시인에게 눈을 감아야 볼 수 있던 푸른 세상이 이제 눈앞에 펼쳐진다.

이번 시집엔 자연의 사물이 시 전면에 포진되어 있다. 이토록 눈에 띄는 변화에서 고스란히 보존돼있는, 정일남 시인의 순결한 시상이 주목된다. 밥을 찾아 헤맨 것이 이력의 전부라던 그의 말처럼, 시인에게 세계는 갈등의 타자였다. 애증의 상대였던 문명생활로부터 그가 지금 발길을 돌린다. 쓸쓸한 폐광촌의 풍경이 천연의 시공간으로 대체된다.

시「딱정벌레」는 문명에 대한 비판을 넌지시 던지며 우화의 한 장면을 보여준다. 시어들이 문명과 자연에 대한 정 시인의 입장을 독자에게 극명히 전달한다. '딱정벌레'에게 인격을 불어넣어, 자연과의 대화를 시도한 후 독자가 무언가를 깨닫도록 돕는다. 딱정벌레란 자연 세계의 한 시민으로 등장한다.

> 자네 어디로 가나
> 우리들이 세운 왕국으로 가는 중이에요
> 여보게, 딱정벌레
> 나도 거기 가고 싶은데 같이 갈 수 없을까
> 그곳에 파브르 선생 기념관이 있고 무덤도 있다던데
> 딱정벌레가 상기된 얼굴로 돌아보며
> 미물을 업신여기지 않는 진정성이 보여야
> 갈 수 있다고 했다
> ―「딱정벌레」중에서

 이 시가 눈길을 끄는 점은 '딱정벌레의 왕국과 파브르의 세계'로 '문명과 자연'의 대조를 보인다는 것이다. 파브르는 일생을 곤충에 빠져 살았으나, 그 사랑의 신화란 인류사의 결과물이다. 딱정벌레에게 파브르는 미물의 역사에 남을 침략자일 뿐이다. 따라서 딱정벌레의 왕국에는 "파브르 선생 기념관"이 존재하지 않는다.
 시인은 딱정벌레와 파브르를 통해 자연과의 조화를 고민한다. 딱정벌레의 "미물을 업신여기지 않는 진정성"이라는 말 앞에서 화자가 걸음을 멈춘다. 인간과 미물의 대화로 파브르의 신화에 숨겨진 허구성이 밝혀지는 순간이다.

이처럼 시에선 문명의 허상을 통해 자연으로 귀의하려는 시인의 첫걸음이 나타나고 있다. 즉 자연세계의 시민인 작은 존재들에게 눈높이를 맞추는 화자가 등장하는 것이다. 화자의 "나도 거기 가고 싶은데 같이 갈 수 없을까"란 말이 시인의 심경을 잘 전달해준다.

한편, 이 시에 나타난 우화의 독특함을 짚고 넘어가야겠다. 딱정벌레의 의미는 이솝의 우화가 그러하듯 풍자를 위한 자연의 인간화에 있지 않다. 이솝의 우화적 서사를 냉정하게 보건대 거긴 모든 자연대상의 탈원초적 경향이 깃들어있다. 다시 말해 인간화로 인해 동식물의 고유한 자연성이 해체된다. 반면에 이 시는, 파브르적 인간성을 해체하고 화자에게 자연적 혹은 동물적 순수함을 투영한다.

「시인의 무대」에서 자연과의 조화를 향한 갈망이 더욱 구체적으로 표현된다. 이 시는 자연을 통해 풍부한 시적 보고로 자리 잡는다. 별이나 귀뚜라미 등의 미물과 사물이 생생히 살아 움직이며, 활기로 가득 찬 축제를 벌이고 있다. 시인은 화자를 통해 자연의 핵심공간으로 더욱 깊이 들어선 것이다.

> 별들의 무대는 뜨겁다
> 오색이 찬란하다
> 야외 밤무대는 폭죽이 터지고 관람석은 관중
> 의 갈채와 함성
> 무대는 절정을 이루고 관객들은 흩어졌다
> 몫을 챙긴 별들도 떠났다
>
> 귀뚜라미 한 마리가 무대 뒤 풀숲에서
> 자기만의 소리로 악기를 연주한다
> 누가 엿듣지 않아도
> 가난한 귀뚜라미여
> 관객이 없는 풀숲 무대
> 너의 노래를 달맞이꽃이 듣고
> 달이 내려다보고 비쳐준다
> ―「시인의 무대」 전문

자연과 인간의 조화는 두 대상의 경계 혹은 차이를 지우는 일이다. 시인은 별을 "오색이 찬란한" 배우들로, 밤하늘을 "폭죽이 터지는" 야외무대로 묘사하고 있다. 화자는 저들과 함께 관중이 되어 자연의 질서를 더 깊이 내면화하고, 앞의 시에서 딱정벌레가 말했던 '진정성'의 왕국으로 성큼 들어

섰다. 여기서 귀뚜라미의 등장은 화자가 숲속 축제의 구성원이 되도록 돕는 극적 장치다. 「딱정벌레」에서 실패했던 미물에 대한 애정이 귀뚜라미를 통해 구현된다. 화자는 쓸쓸히 연주를 이어나가는 귀뚜라미의 독주에 심취한다.

위 시는 화려한 무대와 홀로 남은 관중의 이미지를 통해 두 연으로 나뉜다. 1연에 나타난 폭죽과 떠들썩한 관중이 하나의 큰 '함성'으로 등장한다. 2연에 이르러 함성은 귀뚜라미의 작은 목소리로 수렴되고 있다. 즉 귀뚜라미 소리는 함성의 한 갈래다. 화자는 축제가 끝난 자리에서 "자기만의 소리로 악기를 연주"하는 귀뚜라미에 주목한다.

시인은 작은 존재들을 소홀히 하지 않는 데에서 자연의 조화를 찾을 수 있다고 믿는다. 자연의 입구로 들어가려면 미물의 질서에 동참하는 게 당연하다. 한편 귀뚜라미와 화자의 조우는 인간의 소외를 상기시키며, 삶 자체의 의미를 되묻고 있다.

2.

지금까지 살펴보았듯이, 정 시인은 자연을 표현하는 데 있어 의인화의 구체적인 방식을 사용한다.「눈雪」은 인간의 주체성이 알튀세르의 세계관에서처럼 환상이라는 진실을 들려준다. 여기서 이 시의 의도가 이데올로기에 관한 문제 제기에 있지 않다는 점을 알아야겠다. 즉 시인은 피동적 존재인 눈을 통해 인간의 근원적인 한계를 드러내는 일에 관심을 둔다.

시인은 자연의 시적 대상에서 희생과 치유의 이미지를 발견한다. 희생이란 강제로 주어진 이데올로기가 아니라 존재의 한계를 겸허히 받아들이는 일이다. 또 치유는 일시적인 위안이 아닌 영원한 자기성취이며, 시인이 시를 그 동력으로 파악한다는 점이 중요하다.

> 날개를 펴고 내릴 곳이 마땅찮아
> 가벼움이 한번 몸을 추스르고 올랐다가
> 다시 마음을 가다듬고 착지를 물색한다
> 하늘은 말한다
> 너희들 가장 오염되고 불결한 곳이 어딘지
> 살펴봐라
> 우린 조정장치가 없어요
> 가벼움이 몸부림쳤는데 불결한 세상을
> 가려주는 것이 중요 임무라고 했다
> 순백이 지상을 덮어버리게 되면
> 눈 속에 묻힌 잠들은 명상에 들고

매화나무가 설한雪寒을 견디게 되면
매화의 꿈이 어둠 속에서 움트게 되리니
— 「눈雪」 전문

위 시에선 하늘의 눈들이 불시착하는 타이밍을 통해 인간의 근원적 불안을 의미하는 심연의 장치로 내재율을 형성한다. 눈들의 "우린 조정장치가 없어요"라는 말은 세상에 우연히 내던져진 인간의 실존을 신랄하게 드러낸다.

착륙지를 선택할 힘이 부재한 눈처럼 인간이란 본시 세상에 내던져진 존재다. 하이데거가 말하는 기투의 존재처럼, 미래로 당당히 나아가야 한다. 자기 한계에도 불구하고 앞으로 걸어 나갈 때 세상은 명상에 잠기고 "꿈이 어둠 속에서 움트게" 될 것이다. 그 가운데 삶과 죽음의 교차점인 세계에 기적이 일어난다. 세상은 "순백이 지상을 덮어" "오염되고 불결한 곳"으로부터 해방되는 것이다.

바로 생에 대한 도전이 시인이 말하고자 한 희생일 것이다. 그는 짧은 생의 눈들이 지상에 내려 불결함을 씻어내는 데에서 인간적 고뇌의 중의성을 발견한다. 즉 존재한다는 이유가 삶의 무엇을 찾으라고 종용하는데, 눈들엔 희생에 대한 사명이 그 의미이다.

시인의 글쓰기는 눈과 같은 희생을 실현하는 일이다. 이 시에선 인간과 눈이 사물과 주체로서 이미지의 합일을 보인다. 즉 시인과 시적 대상이 합쳐지는 것이다. 시란 세상과 인간을 이어주는 기적의 언어다. 인생이 눈의 짧은 생애를 닮았지만, 시 속에서 세대를 건너 영원토록 남겨질 것이다. 만일 시가 세계를 구원할 수 있다면 그 또한 영원한 해방이라고 불러본다.

이렇게 불시착한 존재의 초월적 의지는「금지구역 침입자」에서도 잘 나타난다. 시인은 이 시에서도 불현듯 세상에 내던져진 존재를 통해 치유의 시어들을 불러낸다. 민들레의 생이 드리우는 운명의 불확정성이 스스로 위기를 선택한 주체적 형상으로 승화된다. 시인은 영웅적 이미지를 통해 인간의 근원적 한계가 치유되리라 믿고 있다.

민들레는 대담한 녀석이다
들판의 좋은 자리를 마다하고
위험 지구에 뛰어들다니
저 녀석 겁도 없는 녀석을 보게
얼마 전 길고양이가 참변을 당한 철로 안에
거기가 어디라고 들어갔나
경적을 울리며 기차가 달려와도 느긋한 녀석
저런 담력이 민들레에게 있었다

> 철로 안에서 민들레는 꽃을 피웠다
> 녀석은 철로 안에서 꽃씨를 맺는데도 성공했다
> 생은 종種을 위한 본능을 끌어안는다
> 바람 부는 날 낙하산을 타고
> 하늘로 날아가는 자식들을 어미는
> 대견하다는 듯이 바라본다
> ─「금지구역 침입자」 전문

민들레는, 날쌘 "길고양이"조차 "참변을 당한" 위험구역에 용감히 뛰어든 존재다. 그는 "경적을 울리며 기차가 달려와도 느긋한 녀석", "겁도 없는 녀석"이며, 기찻길 한가운데 씨앗으로 내려 꽃을 피우고야 말았던 끈질긴 인내력의 소유자다. 죽을지도 모르는 기찻길로 자처해 뛰어든 민들레는 하이데거가 말한 '죽음에로의 선구'를 몸소 실천하고 있다. 죽음의 자각이란 유한한 시간을 깨닫는 일이고 그 순간부터 삶은 간절한 실천이 된다.

시인이 민들레에서 발견하는 것은 삶으로부터 무섭도록 견디고 싸우는 히어로의 형상이다. 삶이 갈수록 치열해지는 시대에 살아내는 일 자체가 히어로의 투쟁인 것이다. 그는 민들레와 같은 연약한 존재의 사투를 통해 우리 시대에 나타난 보통의 히어로를 상기시킨다.

이 시의 마지막 두 행에 나타난 어미의 시선은 시

인의 심경을 잘 대변해준다. 떠나는 자식들을 대 견하게 여기는 어미를 통해 화자는 연민보다 존재의 긍지를 더 강조하고 있다. 자식에 대한 그리움이나 측은함은 운율 뒤에 내재하고, 민들레란 히어로가 무대의 중앙에 용감히 나타난다. 시인은 자연에서 위대한 몸짓을 발견한 후 그로부터 자기 치유를 모색한다.

3.

정일남의 시에는, 희망의 노래가 지하로 울리던 견딤의 미학이 녹아있다. 고뇌를 통해 희망을 찾는 일은 타자와의 관계 맺기로 귀결될 수밖에 없다. 나와 네가 일대일의 대응 속에서 서로의 의미를 결정짓기 때문이다. 자연은 이러한 수직적 구조를 해소하는 가장 최선의 공간이라 할 수 있다. 정 시인은 자연 속에서의 교감을 통해 밖의 타자가 아닌 내면으로부터 샘솟는 진정한 자아를 이루고자 한다.

이전의 어두운 세계에서 보여줬던 삶에 대한 견딤이, 날카로운 자기 구도의 고뇌로 변주된다. 시인은 어깨를 두드리는 솔방울조차 "정신 차리라는 가르침"(「교감」)으로 받아들인다. 여기엔 "문명의 소음"에 의해 "고장 난 귀"(「한 잎의 생각」)를 자연의 고요 속에서 되찾으려는 치유의 열망으로 가득하다. 즉 시인은 자아의 회복을 통해 새로운 시적 창조의 세계로 나아가려는 것이다.

> 봄이 오기 전에 시샘하는 추위가 왔다
> 나비가 오다 되돌아가면 어쩌나
> 불안한 표정들이 수런거렸으나
> 누구도 꽃이 오는 길목을 막을 자 없었다
> 다년생 풀들이 죽은 척 엎드려 있다
> 모두 꽃이 되려고 하는데
> 나는 수양이 부족해 꽃이란 말 꺼내지도 못했다
> 보이는 것과 들리는 것이 서로 통한다
> 내 마음 밑바닥에 물결이 인다
> 실의에 빠진 약자들에게 힘을 실어주려고
> 얼음이 녹고 도랑물이 춤춘다
> 처녀들 꽃 댕기매고 들로 나간다
> ─「해빙解氷」 전문

화자의 자아가 어떻게 자연과 교감하고 조화를 구성하는지 이 시에서 잘 나타난다. 자연이란 "실의에 빠진 약자들에게 힘을"주고 그들을 치유하는 안식의 공간이다. 이 시에서는 봄과 겨울의 대립 구도가 눈길을 끈다. 봄과 겨울은 1년이란 시간성의 처음과 끝이고, 겨울은 필연적으로 봄으로 귀결된다. 자연의 흐름이 공간과 자아의 순환으로 변주한다.

꽃과 추위는 봄과 겨울을 구체화하는 물질이라 할 수 있다. 꽃이란 "보이는 것과 들리는 것"이고, 추위는 대상과 화자의 사이를 가로막는 장애물이다. 화자의 '보고 듣다'의 결과가 "마음 밑바닥"에서 움트는 물결이라는 점이 중요하다. 화자는 의식 밖의 대상에서 내면의 운동을 보여준다. 즉 화자는 봄의 실재 대상에서만 자기 내부에 봄을 재현할 수 있다. 지각 작용을 통해 의식에 이미지를 구성한다는 뜻이다. 후설의 말처럼 판단중지를 시도해 내면으로부터 의식 밖의 세계를 창조하지 않고, 밖으로부터 불러온 이미지로 내적 세계가 형성된다. 시인은 바로 이런 사실을 극복하고 주체적인 자아의 실현에 도전한다.

이런 시점에서 스스로 샘솟는 창조적 이미지가 자연을 피안의 세계로 탈바꿈시키고 있다.「나 없으면」에서는 사물과 주체가 타고난 자아를 자연스레 상대에게 녹이들게 할 정도의 초월적인 교감을 볼 수 있다.

이 시에선 나와 너의 해체가 두드러지는데, 그

것이 자연과 인간의 경계를 지우는 본격적인 동기를 제시한다. 우화나 의인화가 아닌 "살아라"라고 하는 직접적인 표현을 통해 존재 간의 관계가 더 은밀해진다.

> 나 없으면 너는 와서 살아라
> 나 바람으로 돌아가 없으면
> 너는 와서 물이 되어 살아라
> 해 뜨는 마을에 아침이 안개를 헤치고 오면
> 너는 와서 복사꽃이 되어 살아라
> 복사꽃 지고 복숭아 주렁주렁 매달리면
> 너는 복숭아 따는 처녀들 웃음으로 살아라
> 물가에 산 그림자 내리면
> 너는 매매 우는 염소 되어 살아라
> 나루에 배 떠나고 없으면
> 너는 나루를 지키는
> 물 향기 되어 살아라
> ─「나 없으면」 전문

이 시는 '부재'와 '삶'의 관계로부터 시적 긴장을 이룬다. 거기서 화자가 자신을 구도하는 치유의 시어들을 길어내고, 현실이 초월적 공간으로 승화된다. 총 12행의 이 시는 1, 2, 4, 6, 8, 10행에서 각각 부재의 이미지를 내면화한다.

1행과 2행에선 "나 없으면"과 "나 바람으로 돌아

가"겠다는 두 표현으로 화자가 자신의 부재를 예비하고 있다. 4, 6, 8행은 다른 행들과 달리 '없다'라고 하는 직접적 표현이 결여되었으나 각각 심상의 이동을 통해 화자의 부재를 암시한다. 4행은 '아침'과 '안개'의 상호관계가 이전 행의 화자를 상기시킨다. 아침은 이전 행에서의 바람을 간접 지시한다. 안개가 물러간다는 의미가 바람이란 심상의 연상효과를 일으킨다. 따라서 바람이 되겠다던 화자의 부재가 도출된다. 다음 6, 8, 10행에선 변화하는 계절이나 하루의 경과가 세월이란 시간성으로 화자의 부재를 드러낸다.

이 시의 행들은 모두 화자인 '나'가 점차 사물로 은유되어가는 과정이라 할 수 있다. 그로 인해 화자는 시의 도입부에서 보였던 주체성을 자연세계에 주입해 간접적인 목소리를 낸다. 4행은 화자가 흩어지는 '안개'로, 6행에선 복사꽃으로, 8행은 일렁이는 물의 표면으로, 10행은 배로 각각 주체와 대상의 이미지가 전이되고 있다. 그런 이미지들이 화자인 '나'를 통해 '너'라는 대상에게로 다시 전이된다.

'너'는 각 행에서 "물", "복사꽃", "복숭아 따는 처녀들의 웃음", "매매 우는 염소", "물 향기"의 매개체로 작용한다. 엄밀히 말해, 두 존재의 이미지

변형은 모두 미래에 일어나게 될 예비적 시간성을 지니는데, 화자가 드러내는 이상향에 대한 꿈을 통해 두 존재가 함께 어우러지고 있다. 이상향이란 '나'와 '너'가 함께 세계와 교감하는 공간이다. 즉 바람, 물, 안개, 복사꽃 등의 순정한 이미지가 채워진 곳이다.

  이처럼 정 시인은 자연과의 조화 속에서 구도적 삶을 지향하며, 시를 통해 피안의 시공간을 현실에 열어놓는다. 진정한 자아의 깨달음이야말로 진정한 창조와 맞닿아 있다. 정 시인은 자연의 조화로운 질서를 시 속에 재현하고, 자기 구도의 삶을 실현하여 진정한 창조의 길을 모색한 것이다.

4.

「금지구역침입자」는 정일남 시인의 시 창작에 있어 기념비적인 전향을 보여준다. 폐광의 스산한 풍경이 자연세계의 시어들로 채색된다. 갱도에서의 이전 시세계는 본질적으로 갈등의 공간이다. 고뇌와 시련을 줄 수밖에 없는 그곳은 시인에게 항상 타자였다. 그 속에서도 정 시인은 갱도를 사랑하겠다고 외치며 삶에 대한 열정을 드러냈다.

이런 공간성의 대체는 정 시인에게 중요한 가능성을 열어놓는다. 세계가 더는 응시의 대상으로서 거리를 형성하지 않게 되었다. 자연이란, 응시하기가 아닌 동화의 대상이기 때문이다. 즉 주체와 대상의 개념이 변용되고 있다. 주체와 타자가 나타내는 일대일의 수직적 구조가 아닌 조화의 수평적 공간으로 바뀌었다.

그렇기에 시인은 조화에 대한 갈망을 표현한다. 딱정벌레, 귀뚜라미, 별 등의 자연을 구성하는 이른바 자연의 시민들에 눈길을 준다. 즉 작고 눈에 띄기 어려운 존재들에게 눈높이를 맞추어 미물들의 왕국으로 들어간다. 거기에 다다르려면 인간과 미물의 경계 혹은 차이를 지워야 한다.

그래서 시적 대상들은 우화적 성격을 드러낸다. 정 시인이 나타낸 우화는 미물들 고유의 순수성을 빼앗고 억지로 인간화하는 파브르적 세계에 기반을 두지 않는다. 오히려 미물들의 생을 소홀히 하지 않으려는 화자를 등장시켜 인간이 자연적 존재로 승화한다. 그런 방법으로 자연과의 조화가 이루어진다.

정일남 시인은 의인화를 사용해 자연대상을 통한 의미 찾기의 구체적인 방법론을 보여준다. 자연과의 조화의 갈망 즉, 자연주의적 태도에 그치지 않고 그 안에서 생의 의미를 찾는다. 이전 세계에서의 생이란, 시인으로서 견딤과 희망의 운율을 잃지 않는 것이었다. 그 견딤과 희망이 희생과 치유의 이야기로 변주된다. 적절한 예로 「눈」과 「민들레」 등의 시를 들 수 있다.

  눈이나 민들레는 연약하지만 생을 이어나가려고 망설임 없이 세상으로 걸어 나가는 존재들이다. 정 시인은, 눈掌에서 짧은 생애에도 불구하고 세상을 치유하겠다는 겸허한 삶의 태도를 발견한다. 주체성 없이 우연히 내던져진 실존적 상황에서 불평하거나 절망스러워하기보다, 삶의 의무를 다하려는 초월적 의지가 드러난다.

  또 민들레에선 극한의 자기 한계를 꿋꿋이 버티며 생을 이어가는 진정한 히어로의 형상을 발견한다. 생의 위기를 견디는 민들레의 놀라운 의지를 통해 보통의 히어로를 보여준다. 시인은, 기찻길에 내던져진 민들레를 스스로 위험구역에 뛰어든 용감한 존재로 형상화한다. 즉, 민들레를 통해서 인생의 의미를 되묻고 있다.

  이처럼 정일남의 시어들은 자아와 자연과의 교감을 필터 삼아 현실에 피안의 세계를 이룬다. 피안의 시어들로 모든 갈등과 고뇌를 치유하고 시 쓰기의 진정한 창조를 모색한다. 그 안에서 자기

자신에 대한 인간적 진리를 추구하며 구도적 삶을 시작하겠다는 의지를 보인다. 갈등과 미움이 부재한 대신 겸허함과 고요가 있는 자연적 삶을 살겠다는 것이다. 이번 시집을 통해 정일남 시인은 지상의 배고픔으로부터 천상의 피안적 치유를 추구하는 자연주의적 시세계를 활짝 펼쳐놓는다.■

시와함께(Along with Poetry) 004
정일남 시집

금지구역 침입자

인 쇄 2020년 2월 3일
발 행 2020년 2월 6일

지은이 정일남
발행인 양소망
펴낸곳 도서출판 넓은마루
주소 서울특별시 종로구 삼일대로30길 21. 618호(낙원동, 종로오피스텔)
전화 (02) 747-9897
이메일 withpoem9@hanmail.net
출판등록 제2019-000100호
인쇄·제본 신아출판사

저작권자 ⓒ 2020. 정일남
이 책의 저작권은 저자에게 있습니다. 서면에 의한 저자의 허락 없이 내용의 일부를 인용하거나 발췌하는 것을 금합니다.
COPYRIGHT ⓒ 2020 Jung Il Nam
All right reserved including the rights of reproduction in whole or in part in any form.
저자와 협의, 인지는 생략합니다.
잘못된 책은 바꿔 드립니다.

ISBN 979-11-968089-4-5 04810
ISBN 979-11-968089-2-1 세트

값 10,000원

「이 도서의 국립중앙도서관 출판예정도서목록(CIP)은 서지정보유통지원시스템 홈페이지 (http://seoji.nl.go.kr)와 국가자료공동목록시스템(http://www.nl.go.kr/kolisnet)에서 이용하실 수 있습니다.(CIP제어번호: 2020004615)」

Printed in KOREA